JN411065

태엽 감기

태엽 감기

신정숙 시집

문학의전당

自序

때로는 빈집에 앉았거나
강가에서 짐승처럼 울다 사라졌다
시는.

2010년 8월
신정숙

| 차례 |

1부

2부

3부

4부

1부

훔쳐보기

월요일 문이 닫혀 있었어요 화요일 아이를 만났어요 추위 한 벌 껴입은 계단 아래 누워 있었어요 수요일 잠든 발꿈치만 보고 돌아왔어요 다시 찾아간 날은 목요일이었어요 애야 일어나야지 움츠린 등이 바지 사이로 흘러 내렸어요 전시장을 한 바퀴 돌아 나온 불빛의 이마를 짚으며 창밖으로 소문을 띄우고 있었어요

어둠에 묶인 비둘기 한 마리 부어오른 발가락 사이로 눈알들이 굴러다녔어요 금요일 썩은 눈알들을 쪼아 먹고 토요일 통통한 아이의 입술에 부리를 집어넣었어요 일요일 구름이 몰려오고 발자국 찍는 소리 빗발처럼 쏟아졌어요

브라질리아 홀

가늘게 떨리는 불빛, 어둠을 벗겨내고
브라질 풍의 바흐 5번이
푸른 양탄자 위를 지나간다

지도에 없는 길
플라타너스 나뭇가지
노을 속에서 손을 흔든다

초원을 달리는 말 발굽소리 멀어지고
먼 마을 불빛이 유성처럼 다가온다

태풍은 구름의 허리를 꺾고
울창한 숲은 소리가 끄는 대로 누웠다 일어선다

창 너머 산발한 달빛
기타 선율에 춤을 춘다

바닷물이 육지를 넘나드는 사이
덜컹거리는 기차가 바다로 달려간다

금속성 의자 하나 출구에 놓여 있다

잎, 잎, 잎

목을 잘랐다 와인 잔에 몸을 구겨 넣었다 핏방울이 향기에 날개를 달아 주었다 허공으로 회전하다 붉은 심장으로 들어갔다 발가락이 자라고 머리통이 생겼다 분무기로 물을 뿌렸다 창가로 데려갔다 햇살이 모근을 심었다 까칠까칠한 날도 있었다 바람이 빗질을 하자 모발에 매달린 비명이 뛰어 내렸다 천 개의 눈과 귀를 가진 잎,

쇼핑

세이브존 일 층
선잠에서 깬 신발 몸을 뒤척인다
지중해를 건너온 어미 소 울음
발목을 잡는다
깊은 눈을 굴릴 때
쫓아오던 그림자
주춤 물러서는
에게해 바람이
여린 발을 핥고 지나간다
출렁거리는 불빛
지평선을 게워낸다

에스컬레이터 접힌 오금을 펴고
일어서는 사이
발자국 소리에 놀라
되새김질하는 여자
선홍빛 부츠를 집어든다

SOS

그녀의골목길이카메라에잡힌다
덧씌운비닐움막에는
낡은옷가지와등짐처럼지고온청상과
샐닢도없는주머니를넘보는그림자들락거린다
찬손들이미끼로던져준밥풀
가시처럼목구멍에걸린그녀
삐걱거리는허리를단단히조으고
시장길로들어선다
녹슨리어카에굽은등을파지처럼묶고
막다른길과충돌한다
조각조각기운그녀의삶
앰뷸런스가달려온다

블루마운틴 카페

절벽을 기어오르는 골짜기
연둣빛 창문을 연다
원추리 어린 것들 샛바람에 졸고
에움길로 내려온 떡갈나무
뜨락을 깔고 앉는다
갈증에 타는 산등성이
봄물을 퍼 마시는 동안
죠지벤슨의 미풍에
핼쑥해진 겨울이 엎드려 있다
뼈마디 뚝뚝 끊으며 내려온 산
지나가는 구름의 발목을 잡는다

새는 둥지로 돌아가고
바위 틈을 돌아나온 물소리가
문 앞에 도착한다

초록향기 떠다니는 찻잔 속
별이 뜬다

오후 2시

설계 도면도 없이
흑색 종양은 간과 폐 사이에 다리를 놓았다
임파선을 따라 간선 도로를 내고
고속으로 진행된 부실공사가
한낮의 척추를 지나가다 발각되었다

문이 열렸다
흰 가운을 입은 남자가
명부를 내밀었다

건축법 위반이었다
형량은 집행유예 일 년

감량해 줄 수 없나요
전과는 없군요
바리게이트를 쳤다

삭은 건물 하나가
풀썩 주저앉는 것이 보였다

네비게이트 주식

태양이 솟아오르자
개미는 일터로 나간다
알을 품는 여왕개미
언제 무너질지 모르는 낡은 집 속에서
더듬이 세워 미지의 상황을 감지한다

식욕 왕성한 곰
두 눈을 부릅뜨고 길의 중심에 엎드린다

황소는 타클라마칸사막 모래 바람과
오늘의 날씨에 뿔을 세운다

긴 장마 끝에 바다를 건너온
열대 꼬꼬마*가 전국을 강타한다
식을 줄 모르는 더위가
게릴라성 호우를 쏟으면
사슴은 뛰기 시작한다
연일 치고 빠지는 곰과 황소의 싸움
뿔을 내린 황소는
좌우를 둘러보며 뒷걸음질친다

*특급이란 뜻

새똥섬

앨버트로스는
수천의 물이랑을 거쳐
나루우 공화국을 세웠다

인광석을 실을 배가
적도를 넘나들 때
바람의 역사를 쓰고 있었다

눈먼 아이들
바위 위에 무지개를 그리고
남자들은
바다에 나가 고기를 잡지 않았다

무풍지대를 돌아 나온 앨버트로스
휘어진 등뼈가 낡은 노처럼 끊어졌다

몰락한 섬

새똥섬엔 새똥이 없다

석류

마을이 발칵 뒤집혔다

저것들이
빈 집에 불을 지르다니
문 걸어놓고 캄캄한 집 속에서
딴 짓한 게
바로 불씨였구나
저 타오르는 불길 누가 잡나
뜨거운 손을 뻗어 마주친
창은 밝아오고
지칠 줄 모르는 불장난
덴 자국마다 고인 신물
담장 밑이 흥건하다
검게 그을린 가지 끝
낮달이 돋아나고
온통 길이 붉어진다

투발루

남태평양에 사는
용도 이무기도 못된 투발루
비늘 벗겨진 몸속에서 자란
사진 속 풍경은 흑백이다
여덟 개 꼬리를 달고
뱀으로 살아온 투발루
사이클론 아가리에 등을 물린 채
허연 배를 뒤집으면
발가벗은 아이들
배를 갈라 먹이를 찾는다
폭염에 혀를 길게 빼문 울음이
허물을 벗고
바다를 건너온다
투발루는
물속으로 서서히 가라앉는다

꼭짓점

봄은
길가에 화폭을 길게 늘어놓고
붉고 푸른 물감으로 마무리하고 있다
길 건너 놀이터
후줄근한 남자 하나
등을 돌린 채 깊은 생각에 잠겨 있고
나는 햇살 바른 양지에 앉아
앞만 보고 있다
배떼기 하얀 새들이 놀다간
버짐나무 아래
또 남자 하나 와서 앉는다
어디를 날아가고 싶은지
새들이 사라진 쪽을 바라보다가
깃털보다 가벼운 담배 연기를 불었다
세 사람의 눈빛이 선을 긋지 못해
꼭짓점만 찍었다

그늘

나무 아래서 잠이 든다

수북하게 쌓인 꿈

태양에 눈을 잃는다

길이 비명을 지르며 일어선다

깃털처럼 가벼운 새소리

삐걱거리며 따라온다

바람은 그늘에 불을 당긴다

사라지는 빛을 돌아본다

구름다리 건너

천, 천, 히,

집으로 가는 중이다

구구는

용두마을 비둘기
해종일 바쁘다

구구

나무 아래 몰려든
낯익은 나이를 세고 있다

고개를 끄덕
구구

종각 위에 올라가 다시 세기 시작한다
구구
계산이 안 돼

푸드득 땅으로 내려앉아
또 고개를 끄덕 끄덕
구구는

冬冬

가슴이 문짝처럼
덜컹거리는 날

입 닫고
눈 닫고
귀 걸어 잠궜다

등짝은 식은 구들장
불씨가 꺼졌다

2부

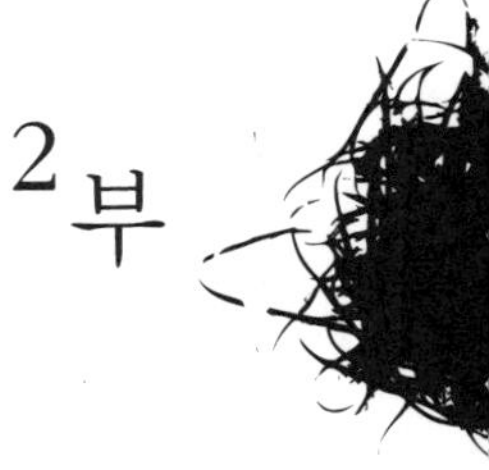

뉘

쌀을 쏟아 붓고
까슬한 나를 집어든다

셈하듯 짚어가는 손끝으로
고개 숙인 날들
해맑은 빛으로 단단해진다

씹혀지지 않은 밥알이었다
부드러운 목구멍으로 다가서기 위해
날 선 이빨 사이를 건너뛰며
껍질은 살진 낟알이 되고 싶은
꿈을 내려놓지 못한다

한 줌의 쌀을 쥐고
내 안에 숨겨진 뉘를 골라낸다
등겨가루 흩날리는 허공으로
나를 놓아주지 않는다

물여우나비

갈 곳 없는 것들이
뼈 없이 자란 어둠을 풀어 작살을 친다
헛발질하며 지나가던
그물코에 걸린 사내 먹이로 낚아챈다
몸 하나 비집고 들어갈
물무늬 암각화처럼 새겨진
비릿한 방
알몸으로 잠자리에 든다
흔들리는 수면 위
날아오르는 꿈을 꾼다
물속 방을 헐고 달아난
여우 같은 년
불 켜진 창문으로 뛰어든다

열무김치

저를 골라 보세요 웃자랐다구요 연하면 풋내가 나요 결이 고울수록 상처가 나요 잎은 많을수록 좋아요 줄기는 매끈한 것을 골라보세요 좀 불결하다고 했나요 잘 씻으면 돼요 부드럽게 만져주세요 아직 떠나지 않은 핏줄이 팽팽히 당기는 햇빛 토막난 푸른 날들이 어둠에 절여지네요 붉은 고추는 씨를 발라주세요 온몸이 화끈거려요 설익은 채로 꺼내지 마세요 감칠맛이 날때까지 묵혀야겠네요 일회용 젓가락으로 건져 질겅질겅 씹지 말고 잘 뜸들인 밥에 비벼보세요 처음이라 맛을 모른다고 했나요 입은 길들이기 나름이에요 배부른 슬픔을 알 것 같네요 돌아가기엔 아득한 열무 밭의 푸른 바람이고 싶네요

오동나무 집

1
절여진 여자가
흰 거품 게워낸다

뼛속까지 우려낸 국물이
여자를 간본다

달일수록
얼큰한
여자의 맛은 뜨겁다

2
나무 아래
새들이 벗어놓은 신발
그늘이 신고 일어난다

가지는 달그락 달그락
수저를 닦고
골목으로 들어선 바람
낡은 지폐 같은 낙엽을 세고 있다

늦은 저녁이
무릎 꿇고 앉는다

보이차

찻잔 속에서 피어나는
쇄청모 몇 잎
잠든 마방의 길 깨운다

끓어오르는 어둠의 저편
협곡에서 굽이치는 물소리 듣는다
날숨으로 고원에 오른 노새
설산을 바라본다
야크가 지고 온 길을 내려놓은 마방
누강을 건너다
앞서간 토번국의 별빛 달여낸다
하늘 길 차마고도
수천 년을 오르던
바람의 길 새겨져 있다

납골당 1

마을 앞산에 골프장이 들어왔다
내 할아버지의 할아버지까지
모셔가라는 전갈이 왔다
하늘은 날로 빛을 잃어가고
포장된 길엔
한 포기 꽃도 피지 않았다
산을 흔들어 깨웠다
인기척 없는 어둠
한 겹씩 벗겨냈다
세월에 묻힌 기억들
앙상한 뼈는 벌레들을 보듬고 있었다
수세기 전 하얗게 타버린
잔해를 쓸어 모았다
파헤친 땅의 흉터는
또 하나의 전생을 만들고
콘크리트 집으로 들어섰다

납골당 2

초록빛 산문이 길을 열어준다
휘어진 산그늘 들판으로 내려가고
물소리 등성이로 차오른다
아카시아 향기에 취한 벌들
귀가를 서두른다
맨 손으로 기어오른 땅찔레덩굴
가파른 언덕을 오르며
오솔길을 지운다
자작나무 가지에 앉은
노랑할미새
길을 내고 날아간다
능선이 내려오다 걸음을 멈춘 곳
지하에 고인 시간들
못다 한 이야기 받아 적고 있다
억새는 잠든 무덤을 품고
손님처럼 왔다 간다
바위틈에 맞물린 저승 들머리
원추리꽃 환하게 웃고 있다

외발

신발 한 짝
길 끝에 버려져 있다
긁히고 넘어진 외발의
버거운 삶을 벗어놓은 것일까
신발 안이 조용하다
뛰거나
걷거나
발자국만 다른
바람이 와서 끼워본다
허둥지둥 달려온
길 뒤축이 닳아 있다

사이

사내는
쪽문 앞을 서성거린다

높은 굴뚝
빗물에 그을음을 씻고
창문은 오랜 기다림에 지쳐 있다

담벼락에 걸린 영화 포스터
얼어붙은 거리를 녹이지 못한다

등만 보고 달려가다
숨 고르는 공사장은
먼지만 켜켜이 쌓고 있다

도시의 잠든 뒷골목
밤새 핏발선 눈으로
재활용 수집 광고문을 기웃거린다

바람 무성한 공터
찌그러진 드럼통 하나

싸늘한 햇살 주워 담는다

태풍 전야

소주 한 병으로
하루를 지불하고
따끈한 방 한 칸 얻는다

세차게 몰아치는
창문이 깨지고
흐린 풍경은 문 앞에 걸려 있다

비명을 지르며 달아나는
말들이 찢어진다

담장이 무너진다

사시나무 머리채를 잡고
집은 뿌리째 흔들린다

북상하는 수위
조각난 일상이
떠다닌다
점점 높아진다

바닥보다 낮게 엎드린다

보리밥 나무

보리밥 나무
신호등에 걸려 넘어진다
나무는 나무를 보지 못하고
가지마다 매단 등불이 꺼져 버린다
어둠에 발을 기댄 나무
잔잔하게 흔들린다
때로는 잦은 헛기침으로
불 켜진 창문을 기웃거린다

음지로 돌아 나온
단풍이 붉다
안팎을 넘나드는 벌레로
비루먹은 나뭇잎을 잘라낸다

유골이 보인다

월동

산자락에 모인 갈참나무
잎자루를 짠다
떡갈나무 가지는
무성한 잎을 떼어내고
촘촘한 자루 안에
꿈을 담는다
상수리나무가 짐을 꾸린다
꼬리 내릴 틈 없이
산을 지켜온 다람쥐
가시덤불 속 흩어진
가을을 주워 모은다

들판이 빈 자루를 들고
산을 오르자
후두둑 빗방울이 떨어진다

봄 밥상

사월의 나무 아래 오시어
고봉으로 담은 오곡밥
따스한 햇살에 비벼 천천히 드시게
팥물 든 올 벚꽃 나무에
자리 옮겨가며
벌들은 밥을 뭉쳐 달아나네
겨울에 지핀 불꽃
사월의 밥이 될 때까지
봄이면 밥판 들고
길 위에 줄 선
철없는 사람들 보시게나
입맛에 길들지 말고
밥맛에 취하면
먹음직한 밥상이 되네
먹을거리 넘쳐나는 길가
먼 하늘 내려와
푸른 보자기를 깔고
바람은 갓 지은 밥알을 담아내고 있네

봄이 차려낸 보슬보슬한 밥상

만어산 오르다

만어사 법당 아래
일만의 검은 물고기가
머리를 조아리고 있다
얼부푼 땅 위에 비늘을 털어내고
삭지 않은 아픔이 억겁을 건너와
화석으로 굳어 있다
절집을 떠도는 잔불소리
침묵으로 받아 읽는 萬漁石
고행승의 발걸음처럼 비어 있다
까맣게 그을린 등판 위
부처는 길을 연다
검불 사이로 기어오른 鍾石
천 년의 무게로 닫힌 문 두드린다
번뇌 사른 지느러미
전생이 밟고 간 자리에서
어둠을 깨고 날아오른다

안면도 일박

가파른 썰물이 펼쳐드는 포구
안개는 뱃길을 묶어놓고
선술집 불빛 물 위에 떠다녔다
바다를 건너온 초겨울 바람
뭍으로 올라섰다
갯내가 기어드는 현해탄 여인숙에
지친 여정을 푸는 밀물은
갯벌의 목덜미를 핥고 있었다
바다제비 외마디 울음
잠의 모서리를 쪼아대고
창밖은 물결 소리로 차올랐다
어린 섬들 가까이 다가와
이슥해지도록 칭얼거렸다
밤새 잠 못 든 바다
핏발선 눈으로 일어섰다

3부

태엽 감기

발자국 소리
자박자박 머릿속을 밟고 지나간다
고장 난 위층의 시침
자정에 멈춰 있고
자리를 털고 일어난 아침
그림자를 지운다

내 안에 갇혀 있던 시계바늘이
하나 둘 걸어 나온다

외출

여자는 알몸이었다 등은 움츠렸고 두 팔로 가슴을 끌어안았다 귀는 잘려나가고 얼굴은 땅에 묻었다 불길한 까마귀 울음이 비켜갔다 컹, 컹, 개들이 몰려들었다 우상이 던져놓은 과거와 미래가 타협하는 사이 척추에서 풀이 자랐다

폐교

낡은 벽 폐허 쪽으로 기울고
운동장을 서성이던 어둠이
그네 위에 앉은 햇볕의 등을 밀어낸다
속도를 내려놓은 폐타이어
모래 위에 무릎을 맞대고 있다
바람이 맨발로 미끄럼을 타고
오랜 기다림은 붉은 녹을 피운다
풍금소리 멎은 담장 아래
한낮을 밟고 달아나는 들쥐
적막을 파먹는다
아직 떠나지 못한 모형 사슴
앞발을 들고 서 있다
낙타는 오후 두 시 사막에서 졸고
기린은 텅 빈 길을 내다보고 있다
교문까지 따라 나온
포플러나무 오랫동안 손을 흔들었다

은하리

정족산 아래 어머니
겨울 들판으로 앉아 있다
논두렁 마른 풀은
치맛자락 펄럭인다
낮아지는 봇도랑 물소리
어머니가 얇아진다
홀씨 되어 떠난
초록빛 눈방울을 줍고 있다
서릿발 돋아난 보리밭
어머니 언 발이 보인다
한 쌍의 까투리
산 그림자 풀어놓고 날아간다
날마다 무너지는 생을 부축하는
어머니의 늑골 사이
겨울이 지나간다

이음새

빗줄기보다 앞서간 길이
비에 젖는다
깊게 패인 주름 위로
건너오는 사내
서늘한 불빛이 일렁인다
창문을 올려다보는 발걸음
뿌리내릴 곳 없는 도시의 한 모퉁이가
훌쩍 커버린 계단 아래 엎드린다
흐린 눈을 비비는 짐승처럼
흔들리는 사내
퇴근길 어둠이 비켜간다
레일 위를 달리는 표정들
부재 중인 길을 찾아
새로운 노선으로 갈아탄다

명당 설화

35번 국도를 따라갔네
경주 직진
두동면 우회 전
옆구리 터진 솔밭 들어서면
율림 마을
삼 층 건물 하나
절 이름 없고 부처만 있었네
합장하는 스님 있었네
날마다 하늘 향해 호곡하는 절집
하이힐 신은 여인 계단을 올라
요사채를 기웃거렸네
천지팔양신주경*을 듣고
쫓겨 가던 유령
스님의 먹물 장삼을 찢었네

내출혈이 된 절간은 휴식 중이네

*귀신 쫓는 경

용호동* 뒷길

떠난 길이
다시 돌아와 엎드린다
창문을 들썩이던
가래 낀 쇳소리 사라지고
담벼락을 타고 넘는 담쟁이덩굴
헐린 손바닥에 물집이 맺혀 있다
아침은 바다에서 열리고
마을은 촛대 섬에
발이 닿지 않는다
때로는 바위 위에 쪼그리고 앉아
문드러진 손으로
입질하는 파도를 낚다가
수평선을 잡아 당겼으리라
삐걱거리는 뼈마디를 끌고 알약을 털어먹던
누군가가
섬의 허리를 파헤치고 있다

*나병 환자들이 살던 마을

느티나무

들판과 들판 사이
서 있는 헌집 한 채
캄캄한 뿌리를 내려다보고 있다
가지 사이로 뚫린 하늘
무너질 듯 걸려 있고
나무 아래 무성했던 그림자
풀잎처럼 시들어간다
들녘에서 서성이던 아버지
헌집 속으로 사라지고
마른기침 소리 겨울 밑동까지 흔든다
구름이 밟고 간 자리
시린 어깨 쓸어내린다
얼어붙은 하늘에 판화로 찍혀 있는
새 한 마리
마른 낙엽처럼 떨어진다

철마 가는 길

산자락을 걷어올린 나무
시린 발 들고
타는 노을에 말리고 있다
새들을 불러 모아
자리 펴는 마른 풀밭에서
고비버들 아래
개동백이 포즈를 취한다
카메라 플래시를 터트리는 물푸레나무
호수를 배경으로 섬이 되어 떠 있다
골짜기에 귀 젖는 나무
줄지어 내려선다
낡은 지붕을 밟고 가는
새 그림자 마을 밖으로 사라지고
앞서 가던 시누대 물가에 멈춰 선다
솔밭 몰고 온 바람
자운영 붉은 입속으로 들어가고
물안개가 산허리를 돌아간다

겨울 산

발등을 밟는다

산길을 오르면 바위는
조용히 내 발자국 소리를 듣고
나무는 나를 가늠하지 못한다

하늘 귀퉁이를 쓸고 돌아서는 나뭇가지가
내 어깨를 밟고 지나간다

손끝만 닿아도
하늘을 건너가는 간지럼나무 아래
살쾡이 눈을 뜨고 햇살이 지나간다

알몸으로 일어서는 산
작살나무 꽝꽝나무 장구밥나무
겨울 산이 시끌벅적하다

홍련 폭포

저 캄캄한 비명

산 속에서 풀뿌리나 씹다가
골짜기로 몰려나와
벼랑 위에 올라선다
칼을 갈아
바위의 등을 내리친다
소리 내어 답할 때까지

찢어진 울음이 물속으로 뛰어든다

하안거를 마친 산나리
제 발등 짚고 내려와
돌부처에 길을 묻는다

뒤집기

바퀴벌레 한 마리
벽을 기어오르다 추락한다

팽팽하게 밀고 당기던 긴장이
멈춰 선다

뒤집히는 것은 너뿐만이 아니다

바닥을 쳐보면 안다
낯선 풍경과 짓무른 어깨로
밀고 밀어라
울렁울렁 멀미가 날 때까지
지문 남기지 말고 달아나라
공포도 함께 가라
가벼워질 때까지

보쌈 마을

길 하나 숨어 들어간
경남 울주군 삼남면 조일리
솥발 산이 온 길을 묻지 않는다
구멍 난 역사 속을 도망쳐
목숨 하나 뿌리 내린
김 씨 집 초가 마당
햇살이 모여 앉아 적막을 지킨다
울타리로 자란 가시 돋친 웃음
골목 안이 환하다
사백 년 깊은 우물 속
물동이 인 여인이
푸른 이끼로 떠다닌다
삿갓으로 하늘을 가리고
하나 둘 키를 낮춘 골짜기
저 혼자 졸고 있는 오후를
돌려세우고 있다

지게골

간고등어 한 손 매달고
지게꾼이 앞서 걸어간다

소달구지 돌아서던 골목길
변방에서 흘러온 산허리를 잘라내고
지붕을 덮던 달빛
마을 밖에 앉아 있다
가난을 먹고 자란 아이들
밤이면 큰 길로 내려와
못골시장에서 돌아오는 아버지의
삐걱거리는 관절 소리 쫓아간다

산동네
가파른 중년의 남자
새들이 떠난 둥지를 기웃거리며
앞서가는 불빛을 불러 세워
함께 오른다

채석강

벼랑이 낳은 조약돌 하나 주워 왔네
미친 듯 달려드는 물살에 밀려
일천의 이랑을 걸어온 상처를 만져 보네
어둠에 젖은 살 닦아내고
때 묻은 길 묻지 않았네
돌아 갈 걸음조차 잃어버린
채석강이라 불러 주었네
주름진 이마를 바라보며
갈대들이 함성을 지르는 강둑
한 마리 짐승처럼
울부짖는 소리에 귀 기울였네
누군가 저녁을 지고 건너가는
먼 소리 듣고 있네
한 줄기 강물로 내 안에 흐르네

4부

뿔도장

서랍 속에서
풀냄새가 난다
붉은 꽃이 피어 있는
잡초 사이
늪을 빠져나와
뚜벅뚜벅 걸어 왔다
뿔난 엉덩이 앞서 뛰어가고
닳아진 발굽
지친 길을 끌고 가다
주저앉았다

길을 잃었다

보다가

가을을 태워버린 산이
젖은 발을 보다가
잠들지 못한 갈숲
뒤척이는 소리를 보다가
풀어진 눈꺼풀 사이로
폐광의 터널 같은
잠의 뿌리를 보다가
어느 쪽인가
태어나지 않은 꿈을 입혀보다가
캄캄한 울음을 따라가서
얼어붙은 눈물을 보다가
하얗게 지워지는,
딱딱한 껍질을 벗고
말랑해진 나를 보다가

유토피아

늦잠에서 깨어난 복실이가
기지개를 켠다
욕실로 들어가 이빨을 닦고
텔레비전 앞에서 아침 뉴스를 듣는다
서둘러 미장원 가는 길
높은 담장 밑을 지나
한길을 건너야 한다
긴 머리칼 흩날리고
나비 핀의 날개가 달랑거린다
휴대폰 열자
뼈다귀 집 개장국 끓는 소리
2002-8288
씹던 껌을 뱉어 버린다
국번 없이 2100번을 누른다
예약된 보신탕 집 앞길에서
복실이가 두리번거린다

안개

머리 풀어 헤친 여자가 걸어온다
나무를 채근하며
여자가 문을 두드린다
흩어진 가을을 쓸어 모아
불 지르고 떠난 자리
자식처럼 달고 온
보따리를 풀어헤친다
뜨겁게 죽어간 밤을 찾아
천 년을 건너온 여자
손 비비며
퍼질러 앉아 울다 웃다
육신에 묶인 어둠을 벗겨낸다
잉걸불에 타는 허공이
소리 없이 퍼져 나간다

자목련

서리 하얗게 내리는 밤
울타리에 묶인 나무
겨울 밖에서 떨고 있다

마음 한쪽 찢겨나간 노모
어둠 질펀한 마당을 지나
불 꺼진 가지에 온기를 더듬는다

바람으로 찾아온 아들
나뭇가지를 흔들며 흐느낀다

볕 좋은 날 거르지 않고
문 앞을 서성이다 말없이 돌아서는
노모는 외롭지 않았다

곧 봄이 올 것이다

여우 사냥

침이나 바르고 말해
이 빠진 늙은 여우라고
그건 아니지
가시 덤불속 꼬리 내린
독종들이 산다고 했지
곰 같은 여자 말고
여우 같은 여자 말이지
여행을 떠나는 건 어때
장전된 어둠은 풀고
야자수 그늘에 앉아
미소를 낚는 건 어때
알래스카 얼음이 녹으면
북극의 여우가 찾아올 거야

기다려

결별
—현우에게

안개처럼 피었다 지는
붉은 심장으로
마중 나간 그날을 나는 기억하고 있지
너를 바라보기 위해 펴 올린 시간들
수심을 짚어가며 돌아 나온 파장이
온몸을 헤집고 지나갔지

캄캄하다

깊은 잠에 빠져 어디쯤 흘러가고 있는지
유통기한 바코드도 찍히지 않은 이름
세상과 소통하는 길을 몰라
울음은 문을 닫았지

하얀 고무신

—三虞祭

고무신 한 켤레 주워 담는다

날름거리는 불의 꽃잎을 바라본다
기억이 무너진다

두들기는 바디집 사이로
올올이 밤을 짜내던 여자
베틀에 앉아 있다

치맛자락에 떨어지는 빗방울
겨울 갈대로 서걱이다
빈 하늘에 떠가는
하얀 고무신을 우러러 본다

강가에서

안개 피어오르는 강 저편
나룻배에 묶인
내 스무 살이 발을 구른다
황토 빛 강물 뱃길을 지우고
강을 오르던 연어
콘크리트 둑 앞에서
머리를 찍고
다시는 돌아오지 않는다
뿌리째 흔들리는 강은
어둠을 뽑아
물방울을 나르는
물거미의 슬픔을 걷어내고 있다
갈꽃이 하얗게 일어서는 한낮
홀씨가 강둑으로 내려앉는다
뿌리 뽑힌 물푸레나무
갈피를 넘기며
강의 내력을 읽고 있다

무엇이 되어

소낙비로 떠난 당신
젖은 대로 다시 만나
앞서거니 뒤서거니
흐르다가
돌 아래 숨은 송사리 떼
엉덩이 때려주고
찌든 수양버들 머리 감겨주고
골짜기 적신 산벚나무
울음도 들쳐보고
산기슭을 돌아 나온 하현달이
서늘한 강에 발을 씻는 새벽
은박지 같은 손바닥을 펴고
두근거리는 무늬로 흘러갈 것이다

빈집

무너진 토담 옆
자두나무 한 그루
넓은 마당을 지키고 있다
발자국 위에 다시 돋아나는
새의 발자국
풀들이 솎아낸다
불 꺼진 아궁이를 지나
구들장을 뚫고 나온 대뿌리
잔뼈가 굵어지고
봄이 다녀간 마루 끝에
꽃비 울음 젖어 있다
거미가 쳐놓은 벽에
쉬이 떠나지 못한
내 어린 눈빛 걸려 있다
대숲을 돌아 나온 바람
인기척을 내고
사립문을 나선 인동초 덩굴
돌아오는 발목을 잡는다

병상일기

잠에서 깨어날 때마다
병동의 한 모서리가
무너지고 있었다
흔들리는 창문에 기대서서
목련이 피고 있었다

지친 까마귀
음흉한 울음을 쫓다 돌아왔다

미처 챙기지 못한 푸른 저녁과
낙엽처럼 떨어져나간 시간
발걸음이 빨라졌다

바람이 불었다
가시처럼 날 선 나뭇가지
시린 발을 덮었다
목련이 지고 있었다

개나리

선불리 나서면 안 되지
고개를 돌려 봐
낙엽 지는 소리 들었니
이제 막 겨울이 시작되는 거야
함부로 나서지 마
헤픈 웃음으로 유혹하지 마
얼어터진 너의 등짝을 봐
사체처럼 엎드린
바람이 말했지
조심해
햇볕이 불러내기 전
새들이 들고 난 자리
보듬어야 해
담 너머 살얼음 낀 강을 바라 봐
눈발은 들판을 가로질러
세상을 밝히지

길 나서지 마

바늘

많이 아팠겠구나
함께한 날들
슥슥 긁어가며
덧된 삶
꿰매 여기까지 왔구나
희미한 달빛 아래
잃어버린 귀를 만져본다
비명이 진 자리
피 묻은 손마디가 자라나고
떠나보내기엔 상처투성이
오지랖에 다시 꽂는다

| 해설 |

지적 감수성과 알레고리
—신정숙의 시세계

하현식(시인 · 문학평론가)

1

신정숙의 시세계는 일차적으로 언어적 인식에서 출발하고 있다. 시의 기저는 언어이며 언어는 곧 시의 바탕이 된다는 확신에서 비롯된다. 그러나 신정숙의 관점은 전적으로 언어일변도의 편향적 인식이라기보다는 시를 형성하는 도구로서의 의미에 착안되어진다.

사실 신정숙의 시세계는 절묘한 이미지의 창조와 구조화에서 더 빛을 내고 있다. 그러면서도 이 시인은 이미지의 구조화에 머무르지 않고 보다 풍요한 의식이나 사물에 대한 인식을 희구하고 있다. 뿐만 아니라 시의 가장 원초적 요체인 순수서정까지도 포용하려는 노력을 보여주고 있다.

그럼에도 불구하고 신정숙의 시에서는 모더니즘적 이미지의 창조가 우선하는 한편으로 언어운용의 묘미를 가장 잘 드러낸다. 마치 해부의 도구로서의 메스가 예리한 전개를 이행하는 바와 같이 불연속적 심상에 대한 언어적 전개가 날카롭게 창조하는 것을 볼 수 있다. 그리고 그의 시가 보여주는 시간의식의 토로가 깊은 역사적 의식으로 천착됨으로써 단순한 역사관의 진술을 뛰어넘어 예술적 기조에 의거된 역사의식을 창출하는 것을 볼 수 있다.

신정숙의 시학에 있어서의 또 하나의 관점은 전통적 인식이라 할 것이다. 기실 전통적 안목은 전근대적인 시의 약점을 드러낼 수 있으나 이 시인은 단련된 언어적 기술로서 이러한 결함의 요인을 뛰어넘고 있음을 볼 수 있다. 이는 전통 자체에 밀착된 안목으로 전통에 접근하기보다는 시대정신이 요구하는 언어와 의식으로 구체화되는 데서 시적 성취를 기대하기 때문이다.

한편 순수서정으로 드러나는 시적 구조에 있어서도 토속세계가 지향하는 정서에 안주하지 않고 새로운 이미지와 비유를 통해 형상화함으로써 이른바 미래적 에스프리를 창출하는 것이 한 특성으로 판단된다. 즉 우화적인 구조에 의탁한 알레고리로 드러나는 특성이다.

2

30년대 중엽에 도입된 모더니즘적 기법은 이미지즘적 양상과 쉬르 리얼리즘적 기법으로 구분된다. 이 시인의 모더니즘적 특성은 전자보다는 후자에 밀착되어 있다.

가늘게 떨리는 불빛, 어둠을 벗겨내고
브라질 풍의 바흐 5번이 푸른 양탄자 위를 지나간다

지도에 없는 길
플라타너스 나뭇가지 노을 속 손을 흔든다

초원을 달리는 말 발굽소리 멀어지고
먼 마을 불빛 유성처럼 다가온다

태풍은 구름의 허리를 꺾고
울창한 숲은 소리가 끄는 대로 누웠다 일어선다

창 너머 산발한 달빛
기타 선율에 춤을 춘다

바닷물이 육지를 넘나드는 사이
덜컹거리며 기차가 바다로 달려간다

금속성 의자 하나 출구에 놓여 있다

—「브라질리아 홀」 전문

이 시편은 신정숙의 시적 구조에서 가장 단절적 심상에서 의거한 작품이다. 〈브라질리아 홀〉이라고 제목을 붙인 한 설치미술의 시각적 효과를 간결한 터치로 언어화하고 있다. 이 풍경은 의식과 인식에 따라 다르게 접근되는 바와 같이 신정숙 나름의 언어적 인식으로 미술가가 제기한 의도와는 관계없이 신정숙 나름의 언어미학을 드러내고 있다.

〈불빛〉과 〈어둠〉의 시각적 대비로 시작되는 이 풍경은 〈바흐 5번〉의 청각적 양상과 폭력적 결합을 이룸으로써 일련의 심상에 도달한다. 〈지도에 없는 길〉이 지닌 신비성과 〈플라타너스의 손〉이 반영하는 시간적 심상은 궁극적으로 단절적 대비로서 절대미의 한 측면을 투사한다. 그리고 〈말발굽소리〉와 〈울창한 숲〉과 〈지나가는 기차〉를 뛰어넘어 〈금속성 의자가 놓인 출구〉를 대하게 됨으로써 풍경이 만드는 암시적 미학에 도달되는 것이다. 이를테면 불연속의 이미지가 만드는 눈부신 언어의 노예가 되는 것에 다름 아니다.

세이브존 일 층
선잠에서 깬 신발 몸을 뒤척인다
지중해를 건너 온 어미 소 울음
발목을 잡는다
깊은 눈을 굴릴 때

쫓아오던 그림자
주춤 물러서는
에게해 바람이
여린 발을 핥고 지나간다
출렁거리는 불빛
지평선을 게워낸다

에스컬레이터 접힌 오금을 펴고
일어서는 사이
발자국 소리에 놀라
되새김질하는 여자
선홍빛 부츠를 집어든다

—「쇼핑」 전문

전자의 단절적 대상이 공간으로 설정되어 있다면 「쇼핑」의 단절적 구조는 시간성에 닿아 있다. 또한 전자의 단절관계는 무작위적으로 편성되어 미적 기능이 요구하는 지향성에 결연된다. 비교적 자유로운 상상력의 결과가 아닐 수 없다. 이에 비해 「쇼핑」의 구조적 설정은 매우 질서 정연한 인식을 환기시킨다. 제재로서의 〈선홍빛 부츠〉는 〈지중해〉와 〈에게해〉의 공간적 범위를 넘어서지 못한다. 아울러 〈세이브존〉에 진열된 〈부츠〉의 시각적 상황에서 〈소 울음소리〉를 연상함으로써 이 시인의 상상력의 극치를 만나게 되는 것이다. 즉 〈부츠〉의 재료가 된 생명에의 아픈 인식이 〈어미 소〉의 그것으로 진작됨으로써

이 시인이 지닌 지극한 생명의식과 그에 대한 곡진한 사랑을 부각하고 있다.

현재적 상황에서 과거적 생명의식을 되살리는 감각적 깊이를 간과하지 못한다. 특히 2연에서 〈발자국 소리에 놀란 여자〉의 〈되새김질〉에서 이미지의 이중충돌을 느끼게 되는 것은 〈에스컬레이터〉와 〈발자국소리〉와 〈되새김질〉의 연속적 상상이 빚어내는 시적 에스프리가 한 경지를 보여준다.

이 시인에게 있어서의 단절의 미학은 첫째 문장의 간결함에서 그 의도를 성취하고 있으며 이러한 간결미를 드러내는 문장의 행간에서 더 많은 이미지의 생성을 포착하게 된다. 또는 문체의 긴장감이 지니는 이미지의 효과가 극대화됨으로써 역시 시는 상상력과 이미지의 상호 교감으로 이루어지는 것이라는 확인을 얻어내고 있다.

3

시에 있어서의 시간성은 적막과 대비 또는 교훈적 기능으로 드러난다. 신정숙 시학에 있어서의 시간성도 예외가 될 수 없다. 그러나 여타 시간에 연결된 시적 결과물들에 비하여 이 시인은 언어의 절묘한 감수성과 간결의 묘미로 한층 더 이미지화 되고 있다. 대개의 시간을 바탕으로 역사의식의 시편들은 비판과 풍자로 일관되어 드러난다. 여기에서 신정숙의 시간의식이 구별화되는 것이다.

낡은 벽 폐허 쪽으로 기울고
운동장을 서성이던 어둠이
그네 위에 앉은 햇볕의 등을 밀어낸다
속도를 내려놓은 폐타이어
모래 위에 무릎을 맞대고 있다
바람이 맨발로 미끄럼을 타고
오랜 기다림은 붉은 녹을 피운다
풍금소리 멎은 담장 아래
한낮을 밟고 달아나는 들쥐
적막을 파먹는다
아직 떠나지 못한 모형 사슴
앞발을 들고 서 있다
낙타는 오후 두 시 사막에서 졸고
기린은 텅 빈 길을 내다보고 있다
교문까지 따라 나온
포플러나무 오랫동안 손을 흔들었다

—「폐교」 전문

이 시편은 현재적 시간을 통하여 과거적 시간에 대한 그리움을 시사하고 있다. 현재의 적막감은 과거의 화려했던 풍경에 대비됨으로 더 깊은 우수의 세계로 빠져들게 한다. 특히 모든 제재들이 의인화에 의하여 생동감을 진작시키는 것이 아니라 다시 구원 받을 수 없는 시간의 딜레마를 암시하고 있다. 〈햇볕의 등을 밀어내는 어둠〉은 이 시의 전반적인 상징으로 도입된다.

결국 역사는 지나가는 것이며 거기에 남는 것은 희망이 아니라 곤혹스런 사유만 남겨지는 것을 역설하고 있다. 〈속도를 내려놓은 폐타이어〉와 〈한낮을 밟고 달아나는 들쥐〉의 행동반경이 다이내믹한 시간의 쓸쓸함을 고조시키고 있다.

산자락을 걷어올린 나무
시린 발 들고
타는 노을에 말리고 있다
새들을 불러 모아
자리 펴는 마른 풀밭
고비버들 아래
개동백이 포즈를 취한다
카메라 플래시를 터트리는
물푸레나무
호수를 배경으로 섬이 되어 떠 있다
골짜기로 차오르는 물소리에
귀 젖는 나무 줄지어 내려선다

—「철마 가는 길」 일부

이 시편은 주로 공간을 대상으로 하고 있으나 시적 화자의 시선이 묻어나는 풍경의 배열은 시간성으로 형상화된다. 전자의 시간성이 과거와 현재의 대비에서 드러난다면 이 시편은 현재진행의 시간구조 속에서 배경의 변화를 대상으로 삼고 있다. 그러나 단순한 변화의 전개이기보다는 〈나무의 시린 발〉의 〈타는 노을〉의 대비적 관계성을 통해 〈철마〉로 규정된 공간의 특성을 드러내고 있다. 도시의 변두리에 위치한 지역적 특성도 그러하지만 특정한 공간의 의미를 예리한 감수성으로 분석해내는 이 시인의 안목을 높이 살 수 있는 것이다. 도시와 향촌의 사이에 자리하고 있어 도시의 풍모도 완벽하게 갖추지 못한다든가 향촌으로 완전히 비켜있어 향촌으로서 기능을 다하지 못한 공간적 결함이 바탕에 깔려 있다.

그러한 의미에서 〈마른 풀밭은 새들을 불러 모으고〉 또한 〈개동백〉이 플래시 터지는 순간에 포즈를 취하는〉는 모순적 풍경으로 점철되는 것이다. 문명과 자연의 절충으로 반영되면서 그 어느 것도 완전하게 수용하지 못하는 〈철마〉의 비극성을 바라보게 되는 소이인 것이다. 여기에서 신정숙다운 역사의식의 표명이 드러난다고 할 것이다.

4

신정숙 시학에 있어서의 전통의식은 소재주의에 국한되어 연결되어 있다. 이는 숙명적 정한에 결연된 농경사회의 한 현상을 현시하면서도 현대적 감각으로 한의 정서를 극복하는 데서 그 특성을 찾아볼 수 있다.

쌀을 쏟아 붓고

까슬한 나를 집어든다

셈하듯 짚어가는 손끝으로
고개 숙인 날들
해맑은 빛으로 단단해진다

씹혀지지 않은 밥알이었다
부드러운 목구멍으로 다가서기 위해
날 선 이빨 사이를 건너뛰며
껍질은 살진 낟알이 되고 싶은
꿈을 내려놓지 못한다

한 줌의 쌀을 쥐고
내 안에 숨겨진 뉘를 골라낸다
등겨 가루 흩날리는 허공으로
나를 놓아주지 않는다

―「뉘」 전문

이 시편은 자기결함에 대한 혐오감을 형상화하고 있다. 그러나 이러한 혐오적 태도는 우수적이라든가 정한적 결과론으로 추락하는 것이 아니라 〈단단함〉으로 굳건한 존재감을 통해서 자기극복의 힘을 노정하고 있다. 〈뉘〉는 〈쌀〉과 대립되어 무저항적 존재의미를 갖는다. 그리고 이러한 〈뉘〉의 속성이 시적 화자에 연결되어 자기초극의 기저로 부각되는 것이다. 〈셈하듯〉

추적해가는 〈뉘〉의 정체는 〈고개 숙인 날들〉의 무수한 질곡 속에서의 자신임을 깨닫게 만든다. 오히려 〈쌀〉보다 〈뉘〉에 대한 애착을 공고히 하는 역설적인 오기와 저항에 닿게 된다. 이는 곧 근대적 전통의식과의 차이점을 발견하게 되는 소이인 것이다. 〈살진 낟알이 되고 싶은〉 꿈을 내려놓지 못하는 희구가 자기구원의 존재의식으로 비약하게 된다. 〈내 안에 숨겨진 뉘〉를 통하여 참다운 자기발견의 성취에 도달하게 되고 결국 〈뉘〉는 예외자가 아니라 항시 자신과 공존하는 존재임을 자각하는 것이다.

신발 한 짝
길 끝에 버려져 있다
긁히고 넘어진 외발의
버거운 삶을 벗어놓은 것일까
신발 안이 조용하다
뛰거나
걷거나
발자국만 다른
바람이 와서 끼워본다
허둥지둥 달려온
길 뒤축이 닳아 있다

—「외발」 전문

「외발」은 전통적으로 삶의 양식으로서의 상징으로 부각되어 있다. 〈버려진 신발 한 짝〉은 〈닳아진〉 이유만으로 한의 정서를 노정하게 된다. 그러나 이때의 〈외발〉은 지극히 보편적인 삶의 언표가 되기도 한다. 〈어디서 본 듯한〉 삶의 보편성 내지 숙명성을 통해서 시인은 정한을 표출하기보다는 삶의 진정성과 에네르기를 투사하고 있다 할 것이다. 이렇듯이 신정숙의 시적 안목은 언제나 보편적인 제재로서 보다 새로운 지향점을 드러낸다. 그 새로움이란 배우지 않은 데서 터득해내는 개성적인 시각이 아닐 수 없다. 천편일률 소재주의나 주제의식보다는 상상력의 폭을 확대시키는 데서 그 개별성을 진작시키게 되는 것이다. 가령 〈삶이 버거워 벗어놓은〉 존재의 의미망이 오히려 〈발이 빠져나감〉으로써 오는 〈신발 안의 조용함〉을 통해서 삶의 역전적 단계라든가 고착될 수 없는 무한한 꿈을 토로하는 것이다. 〈버거움〉의 부정적 인식으로부터 〈조용함〉의 평화와 행복의 이미저리로 환치되는 시적 전개에서 시인이 휘젓는 다양한 상상의 날개를 느끼게 된다. 뿐만 아니라 〈바람이 끼워 보는 발〉과 〈뛰거나 걷는 발자국의 차이〉를 발견해내는 날카로운 시적 감수성이 읽는 사람으로 하여금 한없는 행복감에 젖게 하는 것이다. 〈바람이 끼워 보는 발〉을 통한 삶의 무의성이나 〈뛰고 걷는〉 발자국의 차이에서 밀도 있는 시적 에스프리의 〈길의 뒤축이 닳아 있는〉 전환의 묘미가 시가 무엇이며 어떠한 것인가를 잘 보여주고 있다. 간결한 언어구조나 절제된 말수를 통해서 무한한 삶의 이치와 방식과 깊이를 재는 시적 개별성이라 할 것이다.

5

신정숙 시학에서 반영되는 또 하나의 특징은 우화적 구조에 의탁한 알레고리효과인 것이다. 사물이 생성되어 소멸되고 또 반전되는 과정을 생학과 비의로서 무한한 아픔과 서러움 또는 삶에 있어서의 연민까지도 포착하고 있는 것이다.

서랍 속에서
풀냄새가 난다
붉은 꽃이 피어 있는
잡초 사이
늪을 빠져나와
뚜벅뚜벅 걸어왔다
뿔난 엉덩이 앞서 뛰어가고
닳아진 발굽
지친 길을 끌고 가다
주저앉았다

길을 잃었다

—「뿔도장」 전문

도입부에서의 〈서랍〉과 〈풀냄새〉의 시간적 거리를 뛰어넘는 폭력적 관계로 구축되고 있다. 〈서랍〉은 〈뿔도장〉의 현주소이면서 〈풀냄새〉로 비유되는 〈뿔도장〉의 원초적인 시발과 종언을 포괄하는 공간이다 이른바 〈풀냄새〉에서 저 남국의 강열한 햇볕과 생명력 넘치는 한 목숨의 존재를 환기시킨다. 그리고 〈발자국 위에 핀 꽃〉을 통하여 주체로서의 생존과정을 시사하는 것이다. 〈잡초〉와 〈늪〉과 〈발굽〉과 〈지친 길〉은 〈뿔도장〉으로 남게 된 존재자의 그윽한 역정을 표출하고 있다. 어떤 의미에서는 그것은 하나의 〈뿔도장〉으로 남기 위하여 그러한 형극의 길을 걸어왔는지도 모른다는 허망감이 내재하는 한편으로 영원히 썩지 않은 〈뿔도장〉으로 형상화된 삶을 예찬하는 의미망이 동시에 투사되어 있기도 한 것이다. 말미의 〈주저앉았다〉라든가 〈길을 잃었다〉든가 하는 절망적 언표는 결코 절망으로 재단될 수 없는 비젼과 힘을 내포하고 있는 것이다

신정숙 시학의 알레고리는 단순한 이야기 시로서의 가벼움이 아니라 그윽하고 깊이 있는 이상을 담고 있는 것이다. 하나의 생명이 일생을 관통하면서 허망 자체로 마감하는 비생산적인 요체보다는 언제나 〈주저앉〉고 〈길을 잃〉되 〈뿔도장〉을 남기는 희망찬 미래에 닿아 있는 것이다.

35번 국도를 따라갔네
경주 직진
두동면 우회전
옆구리 터진 솔밭 들어서면
율림 마을
삼 층 건물 하나
절 이름 없고 부처만 있었네

합장하는 스님 있었네
날마다 하늘 향해 호곡하는 절집
하이힐 신은 여인 계단을 올라
요사채를 기웃거렸네
천지팔양신주경을 듣고
쫓겨 가던 유령
스님의 먹물 장삼을 찢었네

내출혈이 된 절간은 휴식 중이네

—「명당 설화」 전문

이 시편에서 〈절집〉을 찾아가는 시적 화자의 시선과 〈뿔도장〉을 남기고 산화한 생명체의 삶의 역정을 추적해가는 과정이 유사한 구조로 드러난다. 「명당 설화」는 표제에서 암시된 바로 〈설화〉구조를 통해서 삶의 허망함과 꿈의 무위성을 구현하고 있다. 〈여인〉의 〈절집〉을 향해가는 간결한 구도가 시는 궁극적으로 표현을 통하여 그 구실을 돋보이게 한다는 확진을 갖게 한다. 자칫 서술적 성향을 넘어설 수 없는 과정을 간결한 터치와 생략의 기법으로 진술함으로써 산문적인 결함을 초월하고 있는 것이다. 어쩌면 〈이름 없고 부처만 있는 절집〉의 구도로서 가식이나 모순을 뛰어넘은 〈뿔도장〉 같은 정수를 희구하는 존재의 내면을 노정하기도 한다.

설화적인 구조로써 현대의식의 한 단면을 구축하고 있는 것이다. 〈내출혈이 된〉 상황과 〈휴식 중〉인 〈절간〉의 상황에서 비판적인 사유까지도 표출하고 있는 것이다. 이는 표제에서 드러난 〈명당〉의 언표와 대치되었을 때 야기되는 시적 화자의 반전적 사유를 통해 짐작되는 것이다. 〈뿔도장〉으로 한때의 전성기를 누렸던 존재의 잠적이나 한 시절 〈명당〉으로 선회하던 〈절집〉의 〈내출혈〉이 동일선상에서 자기의의를 표명하기 때문이다. 삶이 지니는 성패의 양면성에 다름 아닌 것으로 볼 수 있다.

6

신정숙 시학의 기조는 언어이다. 그러면서도 언어가 지닌 다양한 아이디어와 구조적인 의미를 살려 시가 요구하는 폭넓은 세계를 일구고 있다. 때로는 언어적 트릭에 연결된 고도의 기법과 운영으로서 시가 펼쳐나갈 수 있는 자기만의 영토를 확보하는 데 전력해 왔다. 그것이 곧 모더니즘을 바탕으로 한 이미지의 원리와 꿈이 세계인 것이다. 그리고 향토와 전통을 제재로 삼으면서도 항시 현대적 감각으로 업그레이드시키는 이상을 보여주는 것이다. 자칫 감상으로 빠져들 수 있는 딜레마를 극복하여 간결과 생략의 상상력으로서 사물에 대한 형상화를 기대하고 있다. 이 시인이 호흡한 시간과 공간은 토속성을 지니지만 그의 연륜에 걸맞지 않게 시의 새로움을 추구하면서 현대적 의미의 정상을 향하는 시선을 늦추지 않았다.

또한 존재의 문제에 상도하면서도 관념이나 이념의 폐해에 빠지지 않은 건강한 시혼을 기대해 왔다. 삶의 가치의 일면적 효용보다는 최소한 양면적 포착을 통하여 편협되지 않는 존재 의의에 닿고자 한다. 나아가서 나의 존재로서의 의미망이 사물의 의미망과 교류되는 원리를 선호하고 있는 것이다. 이른바 〈나=사물〉이라는 등식을 통하여 역사와 현실을 접근해가는 것을 볼 수 있다. 뿐만 아니라 유머와 풍자까지도 섭렵하는 것을 볼 수 있다. 〈유토피아〉는 막연한 이상향이 아니라 적어도 이 시인에게는 역설과 반어를 통해 발견해내는 천국인 것을 알 수 있다. 〈복실이〉가 〈뼈다귀집〉 앞에서 핸드폰을 누르고 〈예약된 보신탕집〉을 배회하는 정경에서 이 시인의 진정한 〈유토피아〉를 발견하게 되는 것이다.

문학의전당 · 신작시집
태엽 감기

초판인쇄 2010년 9월 10일
초판발행 2010년 9월 16일

지 은 이 신정숙
펴 낸 이 김충규
펴 낸 곳 문학의전당
출판등록 제387-2003-00048호(2003년 9월 8일)

주　　소 121-718 서울특별시 마포구 공덕2동 404번지 풍림VIP빌딩 202호
전화번호 02-852-1977
팩시밀리 02-852-1978
블 로 그 http://blog.naver.com/mhjd2003
전자우편 mhjd2003@naver.com

I S B N 978-89-93481-65-5 03810